SAND
SEIFE
ODA

Original Pfälzisch
The Best of Palatine Food

Liwwer än Bauch vom Esse un Drinke
als än Buckel vom Schaffe.

Pfälzisches Sprichwort

Better to have a paunch from eating and drinking
than to get a hunchback from grafting.

Palatine proverb

Matthias Mangold · Monika Graff

Original Pfälzisch
The Best of Palatine Food

Rezepte

Recipes

Die Pfalz. Absolut unterschätzt. Wie oft kommen Menschen zum allerersten Mal in diese Region und können gar nicht fassen, „wie wunderwunderschön das bei Ihnen ist!". Viele Bundesbürger setzen die Pfalz gleich mit dem Fußballklub 1. FC Kaiserslautern, assoziieren sie mit Altkanzler Helmut Kohl – und spötteln über das vermeintliche Nationalgericht, den Saumagen. Der Menschenschlag wird als bäuerlich-einfach oder gar als tumb eingeschätzt. Und dann noch der lustige Dialekt mit *alla* und *ajooohh!*, zwei stets und universal verwendbare Ausdrücke, deren Bedeutung sich im Detail dann doch stark nach der Betonung richtet.

Ist der Besucher dann vor Ort, wird die anfängliche Verwunderung rasch zur Bewunderung. Was für ein phantastischer Landstrich, was für offene, freundliche Menschen und was für ein Reichtum an Gaben der Natur! „Das Höchste, was ein Mensch werden kann, ist ein Pfälzer", sagt ein Sprichwort nicht nur mit einem Schmunzeln, sondern durchaus im Brustton der Überzeugung. Die Verbundenheit der Bewohner mit ihrer Heimat ist auffallend; selbst die Jungen, die es zu Studium oder Arbeit in die größeren Städte drängt, gehen wie selbstverständlich davon aus, später wieder nach Hause aufs Land zurückzukehren.

Und warum auch nicht, schließlich lebt es sich hier wunderbar – wenn man von der Vorderpfalz spricht, vom Teil östlich des Pfälzerwaldes. Reben säumen einen Streifen von zehn Kilometern Breite entlang der Deutschen Weinstraße, von Schweigen an der französischen Grenze bis hinauf nach Bockenheim, von Weintor zu Weintor. Das Klima ist extrem mild: die Mandelblüte meist Anfang März, die Ausreifung von Zitrusfrüchten und Feigen, Zehntausende von Esskastanienbäumen entlang des Haardtrandes, Häuserwände voller Kiwifrüchte und ideale Bedingungen für Weinbau – das sind einfach unschlagbare Wohlfühl-Argumente. Bodenständigkeit und eine gewisse Leichtigkeit des Lebens gehen Hand in Hand.

Jeder Anlass wird zum Feiern genutzt. *Kerwe* und *Woifeschte* gibt es zuhauf, das größte und berühmteste darunter ist unbestritten der Dürkheimer Wurtmarkt am Riesenfass. Aber gerade die kleineren Anlässe wie das Gimmeldinger Mandelblütenfest oder der Edenkobener Kastanienmarkt transportieren die Festlaune der Pfälzer.

All diese Umstände färben auf die Menschen ab, und damit auf die Küche. Genuss wird hier nicht feiertagsmäßig zelebriert, er wird täglich gelebt. Wobei Pfälzer Küche alles andere ist als schnieke und chi-chi. Man liebt das Einfache, Deftige, Rustikale. Eine GUTE Leberwurst ist ein geniales Vergnügen, und es geht nichts über eine genau richtig gemachte *Grumbeeresupp*. Ja, die Pfälzer Küche war im Grunde immer eine Armeleuteküche, allein aufgrund der Geschichte, in der man sich vielen Herren gegenüber sah, die die Region besetzten, ausbeuteten und wieder weitergaben oder verloren. Franzosen, Bayern, Ungarn – die Historie kannte viele Wechsel. Dennoch ist das Rustikale erkennbar versetzt mit kreativen Elementen einer höheren Schule; vielleicht ja das Resultat der Flucht vieler französischer Köche während der Revolutionszeit, als ihre Herren umgebracht wurden und sie Lohn und Brot in der Pfalz suchten.

Natürlich wird Schindluder getrieben. Auf großen Weinfesten, die leider allzu oft zu Massenveranstaltungen mutiert sind, kommen Billigvarianten traditioneller Rezepte auf den Teller. Um an den wahren Schatz aus den Töpfen der Pfalz zu gelangen, lohnt sich die Erkundung vor Ort in den kleinen Weinstuben, wo noch mit viel Hingabe und Traditionsbewusstsein gekocht wird. Jeder hat hier sein eigenes, natürlich „bestes" Rezept für *Flääschknepp*, Saumagen und *Gequellte mit weißem Käs*. Undenkbar übrigens, dass der Pfälzer seine Mahlzeit trocken genießt. Ein Schoppen Wein dazu muss schon sein! Der Wahlspruch „Zum Wohl! Die Pfalz.", erfunden von einer Stuttgarter Werbeagentur, spiegelt das Leben hier somit bestens wider.

The Palatinate. Absolutely the underdog. How often do people come here for the very first time and find themselves hardly able to believe "how beautiful it is!" Even many Germans associate the Palatinate with the *Kaiserslautern* soccer team or with the former Chancellor Helmut Kohl – and make fun of the supposedly favourite dish, the *Saumagen*. The local folks are considered to be rustically simple. And that funny dialect they speak! Using *alla* and *ajooohh!*, two universally useable expressions whose meaning varies widely, depending on the intonation.

Then the surprise. Once the first time visitor is finally in the Palatinate, sudden amazement quickly turns to admiration. What a fantastic stretch of land, what open, friendly people and what richness in nature's gifts! "The highest a human can strive to become is an inhabitant of the Palatinate", a saying proclaims, not only with a smile, but also in a tone of deepest conviction. The strong bond between the people and their native place is striking; even the youth, first attracted to the big cities or work or study, regard it as natural to "of course!" return to their roots later.

And why not – life is great in the Palatinate, especially when we consider the eastern part. Here you have a strip of vineland, stretching six miles into the valley and spanning from the village of *Schweigen* on the French Border along the German Wine Route up to *Bockenheim*, from Wine Gate to Wine Gate. The climate is extremely mild: the almond trees are in bloom in early March; fully ripening citrus fruit, kiwi and figs, thousands upon thousands of chestnut trees along the hillside, and ideal conditions for wine-growing are beneficial factors that just can't be beaten. Naturalness and a certain easygoing way of life go hand in hand. Every chance to celebrate just about anything is welcome. There are numerous festivities (*Kerwe*/kermis and *Woifeschte*/wine feasts), the most popular and well-known being the *Duerkheimer Wurstmarkt*, a superlative wine festival. But also the smaller occasions like the *Gimmeldingen* almond blossom feast or or the *Edenkoben* chestnut market truly reflect peoples' urge to party.

All this transfers to the people and their way of cooking. Enjoying great food is not restricted to festive occasions; it is a daily pleasure. Palatine cooking is far from being modern or fancy. A simple, hearty and rustic style is called for. A GOOD sausage can be a delicious pleasure, and there is nothing capable of topping a home-made *Grumbeersupp* (potato soup). Certainly, due to the region's history, Palatine cuisine always was a poor people's cuisine. Rulers came and went, occupied the land, exploited it, sold or lost it. The French, Bavarians or the Hungarians – history knew many changes.

Anyway, the rustic cuisine is discernibly sprinkled with creative elements of a higher rank; maybe resulting from the exile of many French chefs during the time of the Revolution as their lords were executed and they were looking for a livelihood in the Palatinate.

Of course there are abuses of the Palatinate as well. On big wine festival occasions, which more often than not turn into mass events instead of staying true to tradition, cheap versions of the local specialities are served. To discover the true treasures of the Palatine cooking-pots, a visit to the small *Weinstuben* (wine pubs) is much more rewarding. Everybody has his very own and always "best" recipe for the specialities *Flääschknepp, Saumagen* or *Gequellte mit weißem Käs*. By the way: it is unthinkable for Palatine folks to enjoy a meal dry. There's got to be a *Schoppen* of wine with it. So the slogan *"Zum Wohl! Die Pfalz."* ("Here's to you! The Palatinate.") is a great reflection of what life here is all about.

Grumbeeresupp ~ Linsensupp
Potato soup ~ Lentil soup

Grumbeeresupp
Kartoffelsuppe

Die Pfalz war bereits im 18. Jahrhundert ein wichtiges Kartoffelanbaugebiet und „Pälzer Grumbeere" finden sich in vielen Regionalgerichten wieder. Ein Klassiker ist diese Kartoffelsuppe.

1 kg geschälte Kartoffeln, halbfest kochend
1–2 Möhren
1 Lauch-/Porreestange, nur das Weiße
100 g Knollensellerie
2 mittelgroße Zwiebeln
1–2 Knoblauchzehen, nach Geschmack
2 EL Butter
Selleriegrün, Liebstöckelblätter
$^{1}/_{4}$ l Riesling
1 l Fleischbrühe
1 Becher süße Sahne/Rahm (200 g)
Salz, weißer Pfeffer, frisch gemahlen, Thymianblättchen

Garnitur:

400 g Pfälzer Blutwurst in Scheiben
etwas Butter

Die Kartoffeln in kleine Würfel, alle übrigen Gemüse grob schneiden. In der erhitzten Butter alles kurz anschwitzen ohne Farbe nehmen zu lassen. Mit Riesling angießen, durchrühren, dann die Fleischbrühe zugießen und das Gemüse etwa 25–30 Minuten kochen. Zwei Tassen Kartoffelwürfel entnehmen, die Suppe mit dem Pürierstab aufmixen. Die Sahne unterziehen, würzen und abschmecken. Die Blutwurstscheiben kurz in wenig Butter anbraten.
Die Suppe in Schalen füllen, die Kartoffelwürfel einlegen und mit den Blutwurstscheiben garnieren.

Variante:

Durchwachsenen Speck und eine kleine Zwiebel würfeln (jeweils etwa 50 g) und statt der Blutwurst auf die Kartoffelsuppe geben. Evtl. mit gehackter Petersilie bestreuen.

Linsensupp
Linsensuppe

200 g grüne Linsen
50 g Speck, klein gewürfelt
1 Zwiebel, gehackt
1 Bund Suppengrün
2 große Kartoffeln
1 Lorbeerblatt
2–3 Nelken
Salz und Pfeffer, frisch gemahlen
1 EL Butter
2 EL Zucker
$^{1}/_{8}$ l süße Sahne/Rahm, leicht angeschlagen

Die Linsen über Nacht mit kaltem Wasser bedeckt einweichen.
Speckwürfelchen in einem Topf auslassen, die Zwiebeln darin glasig werden lassen. Die Linsen mit dem Einweichwasser zugeben. Das Suppengrün waschen, putzen und klein schneiden, Kartoffeln schälen und in Würfel schneiden. Alles zu den Linsen geben. Das Lorbeerblatt und die Nelken einlegen und die Suppe auf kleiner Flamme etwa 40 Minuten köcheln, je nach Frische der Linsen, gegebenenfalls länger. Dann mit Salz und Pfeffer abschmecken. Vor dem Servieren die Butter zerlassen und den Zucker darin leicht karamellisieren, in die Suppe rühren. In Teller füllen und die leicht geschlagene Sahne unterziehen.

Tipp:

Viele heute zu kaufenden Linsensorten müssen nicht mehr eingeweicht werden, insbesondere kleine Arten wie „Verts du Puy".

Potato soup

Since 18th century, the Palatine was one of the most important potato cultivation areas in Germany and you can find Palatine potatoes in many dishes of the region. A classical one is the typical potato soup.

2.2 lbs. peeled potatoes of semi-hard cooking consistency
1–2 carrots
1 leek, using only the white part
4 oz. celery root
2 medium sized onions
1–2 cloves of garlic
2 tbsp. butter
leaves of green celery and lovage
$^1/_2$ pint Riesling wine
2 pts. stock
8 oz. cream
salt, freshly ground white pepper, thyme leaves

Garnish:

just under 1 pound of palatinate blood sausage, cut in slices
some butter

Dice the potatoes finely, all other vegetables coarsely. Lightly sautée everything in butter without allowing it to colour. Add the Riesling, stir, then add the stock and let the vegetables simmer for 25–30 minutes. Take out about 2 cups of diced potato and purée the soup with a hand blender. Now add the cream, then spice and season the soup. Brown the blood sausage slices in a little butter for a short time.
Pour the soup into soup bowls, add the diced potato and garnish with the blood sausage slices.

Variation:

Dice bacon and a small onion (about 2 oz. each) and substitute the blood sausage with it. You might also sprinkle chopped parsley on top.

Lentil soup

7 oz. green lentils
2 oz. finely diced bacon
1 chopped onion
1 bouquet garni (1 carrot, 1 piece of leek, 1 piece of celery root and a sprig of parsley)
2 large potatoes
1 bay leaf
2–3 cloves
salt and pepper (freshly ground)
1 tbsp. butter
2 tbsp. sugar
$^1/_4$ pint cream, lightly whipped

Soak the lentils overnight in cold water, covered. Braise the bacon in a pot, add the onions and cook until they glaze. Add the lentils including the water they were soaked in. Wash, clean and finely chop the bouquet garni. Peel and dice the potatoes. Add everything to the lentils. Insert the bay leaf and the cloves and let the soup simmer on low heat for about 40 minutes, depending on the freshness of the lentils (possibly longer). Season with salt and pepper. Before serving, melt the butter and lightly caramelize the sugar in it. Pour into the soup. Pour the soup into soup bowls and add the lightly whipped cream.

Straight tip:

Many of the lentils in the stores no longer require soaking, especially the small varieties like "Verts de Puy".

Handkäs-Süppchen ~ Keschdesupp
Hand cheese soup ~ Chestnut soup

Keschdesupp Esskastaniensuppe

Wandert man im Herbst durch die Pfalz, so sind die Wege vielerorts bedeckt mit herunter gefallenen Esskastanien. Oft werden sie nicht mehr aufgesammelt, teils aus Unkenntnis, was man alles mit Kastanien zubereiten kann – und teils aus Faulheit, da es essfertige Kastanien in Dosen, tiefgekühlt und vakuumverpackt zu kaufen gibt.

1 kg Maronen (Esskastanien)
1/2 l Wasser
1 l Flääschbrieh (gut gewürzte Fleischbrühe)
Salz, Pfeffer, frisch gemahlen
1 Becher süße Sahne/Rahm (200 g)

Entweder den Backofen auf 250 °C vorheizen, die Maronen über Kreuz einschneiden und in der Fettpfanne ausbreiten. Mit soviel Wasser angießen, dass der Boden der Fettpfanne bedeckt ist. Die Maronen etwa 10 Minuten im Backofen belassen, dann die noch heißen Maronen mithilfe eines Tuches schälen und auch das braune Häutchen entfernen.
Oder die Maronen rundum mit einem spitzen Messer einschneiden, dann jeweils in 250 g-Portionen in strudelndem Wasser etwa 6–8 Minuten kochen. Anschließend schälen wie oben beschrieben.

Die Esskastanien in der Brühe in ca. 2 Stunden weich kochen, sie dürfen etwas zerfallen. Mit Salz, Pfeffer und Sahne abschmecken.

Variante:
Die Maronen mit der Brühe pürieren, würzen, die Sahne schlagen und leicht unterziehen und die Suppe mit gerösteten Sonnenblumenkernen bestreuen.

Handkäs-Süppchen

50 g Butter
10 g Mehl
1 l Kalbsbrühe oder Hühnerbrühe
250 g Handkäse
Salz, Pfeffer
1/2 Bund Blattpetersilie
1/2 Bund Schnittlauch
1/4 l süße Sahne
1 TL Kümmel

Die Butter in einem Topf zerlaufen lassen. Das Mehl zugeben, goldgelb anschwitzen und die Kalbsbrühe nach und nach unter Rühren zufügen. Einige Minuten köcheln lassen. Den Handkäse etwas zerkleinern und in die Suppe geben. Fünf weitere Minuten köcheln lassen, bis der Käse geschmolzen ist. Mit Salz und Pfeffer würzen. Die Kräuter waschen und hacken. Die Sahne schlagen und unter die Suppe ziehen. Mit Kräutern und Kümmel verfeinern und in vorgewärmten Tellern anrichten. Dazu Käse-Blätterteig-Gebäck reichen.

Tipp:
Besonders lecker sieht dieses Süppchen aus, wenn es in einem ausgehöhlten, im Ofen nachgebackenen Brot serviert wird.

Chestnut soup

Hiking through the Palatinate in autumn, you will encounter fallen chestnuts on many trails. Often, people don't even bother collecting them anymore, partly out of lack of knowledge of what can be made with chestnuts – and partly out of laziness, since you can buy chestnuts in cans, frozen and vacuum-packed.

2.2 lbs. edible chestnuts
1 pint water
2 pints of well seasoned meat stock
salt, pepper
8 oz. cream

There are different ways of skinning chestnuts. Either you preheat the oven to 250 °C, crosscut an "X" into every chestnut and place them in a wide skillet. Add just enough water to cover the base of the skillet. Put them into the oven for about 10 minutes and then peel the still hot chestnuts using a cloth to avoid burns. Don't forget to also peel the brown skin underneath. The alternative would be to cut the chestnut skins with a very sharp knife all the way round and then cook them in half-pound portions in boiling water for about 6–8 minutes. Then peel them as described above.
After peeling, cook the chestnuts in the stock for about 2 hours until they are soft and almost falling apart. Season with salt, pepper and cream.

Variation:

Purée the chestnuts with the stock, season it, whip the cream and gently work it into the soup. Then sprinkle roasted sunflower seeds on top.

Hand cheese soup

2 oz. butter
0.35 oz. flour
2 pints veal or chicken stock
1/2 pound hand cheese
salt, pepper
1/2 bunch flat leaf parsley
1/2 bunch chives
1/2 pint cream
1 tsp. caraway seed

Let the butter melt in a saucepan. Add the flour, glaze it to a golden colour and pour on the stock bit by bit, stirring continuously. Let it simmer for a few minutes. Cut the hand cheese into small pieces and add it to the soup. Let it cook for five more minutes until the cheese has melted. Season with salt and pepper. Wash and chop the herbs. Whip the cream and fold it into the soup. Season with the herbs and caraway and serve in preheated deep soup dishes. Cheese puff pastries are a very good accompaniment to this soup.

Straight tip:

This soup looks even more mouth-watering when served in a hollowed out loaf of bread that has been re-baked in the oven.

Pfälzer Lauchtorte ~ Keschde-Kuche
Palatine leek tart ~ Chestnut flan

Keschde-Kuche
Esskastanienkuchen

Dieser Kuchen kann mit den unterschiedlichsten Teigen wie Mürbeteig oder auch Blätterteig zubereitet werden. Variieren Sie doch auch einmal den Kohlbelag! Mit kurz vorgedünstetem Rotkohl sieht der Kuchen sehr farbenfroh aus.

Hefeteig:

400 g Mehl
1 Würfel Hefe
$^1/_8$ l lauwarmes Wasser
1 TL Zucker
1 Prise Salz
1–2 EL Sonnenblumenöl

Belag:

2 Zwiebeln, fein gehackt
20 g Butter
400 g Maronen (Esskastanien), küchenfertig
400 g Kassler, gewürfelt
600 g Wirsing
1 Becher dicke saure Sahne oder Schmand
3–4 Eigelb, je nach Größe
Pfeffer, frisch gemahlen
Kümmel

Aus den angegebenen Zutaten einen Hefeteig kneten und zugedeckt etwa 20–30 Minuten gehen lassen.
Die Zwiebeln in der zerlassenen Butter hell anschwitzen. Von den Maronen die Häutchen lösen und die Früchte in feine Streifen schneiden. Zusammen mit den Kasslerwürfeln zu den Zwiebeln geben, alles gut durchschmoren. Vom Wirsing einzelne Blätter ablösen, kurz in kochendem Salzwasser blanchieren, kalt abbrausen. Abtropfen lassen, dann in Streifen schneiden.
Den Teig auf einem gefetteten Backblech ausrollen. Zunächst die Wirsingstreifen, dann die Pfannenmischung darauf verteilen. Die Sahne mit den Eigelb verquirlen, gut würzen und über dem Kuchen verteilen. Im vorgeheizten Backofen bei 200 °C etwa 25–30 Minuten backen.

Dazu schmeckt ein halbtrockener Weißherbst.

Tipp:

Vorgegarte Maronen – gibt es in Gläsern zu kaufen – verwenden. Das verkürzt die Garzeit.

Chestnut flan

You can prepare this flan with different doughs such as puff or shortcrust pastry cake. It is also an idea to vary the cabbage topping. The cake looks very colourful with a layer of steamed red cabbage.

For the dough:

14 oz. flour
1 cube fresh yeast
1/4 pint lukewarm water
1 tsp. sugar
1 pinch of salt
1–2 tbsp. sun flower oil

Topping:

2 onions, finely chopped
just under 1 oz. butter
14 oz. edible chestnuts, skinned and peeled
14 oz. lightly smoked pork loin
21 oz. Savoy cabbage
1/4 pint thick sour cream
3–4 egg yolks (depending on egg size)
pepper, freshly ground
caraway

Prepare a yeast dough with the above ingredients and let it rest covered for 20–30 minutes.
Glaze the onions lightly in melted butter. Cut the cleaned chestnuts in fine strips. Add to the onions together with the pork loin and stew well. Take single leafs off the cabbage, blanch them quickly in salted, boiling water and rinse with cold water. Let them drain and then cut the cabbage in fine strips.
Roll out the dough on an oiled baking-tin. Spread first the cabbage, then the pan mix on top of it. Whisk the sour cream with the egg yolks, season well and pour evenly over the flan. Bake for 25–30 minutes in the pre-heated oven at about 390 °F.

Straight tip:

You should also use pre-cooked chestnuts. This reduces the cooking time.

Schnecken im Häuschen
Snails “at home”

Pfälzer Lauchtorte

Für 1 Tarteform Ø 30 cm

Mürbeteig:

250 g Mehl
30 g Zucker
2 EL Weißwein
1 Prise Salz
125 g Butter
2 Eigelb

Belag:

20 g Butter
4–5 Lauch-/Porreestangen, je nach Größe

Guss:

1–2 Eier
$^1/_8$ l süße Sahne/Rahm
Salz, Pfeffer, Muskat

Aus den angegebenen Zutaten rasch einen Mürbeteig kneten und eine Stunde kühl stellen. Mürbeteig ausrollen, etwas größer als die Form, um auch die Ränder mit Teig zu bedecken. Eine Tarteform fetten und mit dem Teig belegen. Im vorgeheizten Backofen bei 200 °C 10 Minuten vorbacken.
Die Butter erhitzen, nicht bräunen. Die Lauchstangen gründlich waschen, in feine Ringe schneiden. In der Butter andünsten und mit Salz und Pfeffer würzen. Den Lauchbelag auf den Teigboden geben und den Kuchen noch einmal 20 Minuten backen.
Die Eier mit der Sahne verquirlen, kräftig würzen und die Masse über den Kuchen gießen. Weitere 5–8 Minuten backen, bis der Guss fest ist.

Dazu schmeckt ein herzhafter, kräftiger Riesling.

Schnecken im Häuschen

Die Vor- und Zubereitung der Schnecken, so man sie selbst im Weinberg gesammelt hat, ist sehr aufwändig. Um Zeit zu sparen, verwenden wir Dosenschnecken (natur), die sofort gebrauchsfertig sind.

Pro Portion: 6 Schnecken

2 Dosen Weinbergschnecken, à 12 Stück, küchenfertig vorbereitet

Buttermischung:

1 EL Butter
4 Schalotten, fein gehackt
2 Knoblauchzehen – oder mehr – feinst gehackt oder durch die Presse gedrückt
1 Bund Petersilie, fein gehackt
oder Petersilie und Schnittlauch, gemischt
2 EL Weißbrot, gerieben
Salz und Pfeffer, frisch gemahlen
200–250 g Butter

Die Schnecken aus den Häuschen nehmen, abtropfen lassen und die Häuschen in ein Schneckenpfännchen setzen. Einen Esslöffel Butter sanft erhitzen, nicht bräunen, und die Schalotten und Knoblauch darin gelb anschwitzen. Petersilie und Weißbrotbrösel unterrühren und mit Salz und Pfeffer würzen.
Die Butter schaumig rühren, die Schalotten-Kräutermasse untermischen; leicht abkühlen lassen.
Jeweils etwas Buttermischung in die Häuschen streichen, die Schnecken einsetzen und mit Buttermischung zustreichen. Im vorgeheizten Backofen bei 200 °C etwa 10 Minuten überbacken. Dazu Weißbrot servieren.

Dazu schmeckt ganz klar ein Chardonnay Kabinett.

Palatine leek tart

$^1/_2$ pound flour
1 oz. sugar
2 tbsp. white wine
1 pinch of salt
$^1/_4$ pound butter
2 egg yolks

Coating:

$^3/_4$ oz. butter
4–5 leeks, according to size

Topping:

1–2 eggs
$^1/_4$ pint cream
salt, pepper, nutmeg

Knead a shortcrust pastry out of the given ingredients, cool it for an hour. Roll the pastry a little larger than the baking tin in order to have enough dough for the sides. Oil the tin and place the dough in it. Pre-bake in the oven at 390 °F for 10 minutes.
Heat the butter without browning. Thoroughly wash the leek and cut it into fine rings. Braise it in butter and season with salt and pepper. Now place the leek on the dough and bake the tart for another 20 minutes.
Whisk the eggs with the cream, season the mixture and pour it over the tart. Bake for another 5–8 minutes until the coating of firm consistency.

A hearty Riesling goes very well with this dish.

Snails "at home"

The preparation and actual cooking of snails gathered in the vineyards is rather complex and time-consuming. As a short cut, we are using canned snails to be used straight from the tin.

6 snails per portion, so take note of the snail content in the cans when shopping

Butter mix:

1 tbsp. butter
4 shallots
2 cloves of garlic (or more ...), finely minced or pressed
1 bunch finely chopped parsley, alternatively a mix of parsley and chives
2 tbsp. white breadcrumbs
salt and pepper, freshly ground
$^1/_2$ pound butter

Take the snails out of their shells, let them dry off and put the shells in a snail pan. Gently heat the butter without browning it and glaze shallots and garlic in it. Add parsley and breadcrumbs and season with salt and pepper. Now stir the half pound of butter to a foam in a small saucepan and add the shallots with the herbs. Let it cool down a bit. Pour a little of that mass into the snail shells, insert the snails and cover the whole thing again with the butter mix. Bake in a preheated oven for about 10 minutes at 390 °F. Serve with French bread.

A Chardonnay Kabinett is without doubt the best for this.

Weißer Käs mit Gequellte ~ Handkäs mit Musik
White cheese with potatoes
Marinated hand cheese "with music"

Weißer Käs mit Gequellte
Quark mit Pellkartoffeln

600 g Sahne- oder Magerquark
1 Zwiebel oder 3 Schalotten
2–3 Knoblauchzehen, nach Geschmack
dicke saure Sahne (Rahm), zum Glattrühren
Salz
weißer Pfeffer, frisch gemahlen
je 4 EL Petersilie und Schnittlauch, fein gehackt

Pro Portion:

3–4 Pellkartoffeln, in halb Wasser und halb Weißwein gegart

Zum Servieren, nach Geschmack:

Kümmel und Paprikapulver

Den Quark, evtl. selbst hergestellt, gut abtropfen lassen. Mit allen Zutaten, auch den Kräutern, verrühren. Mit einem Eisportionierer auf Teller setzen.
Die gegarten Kartoffeln noch heiß schälen, Frühkartoffeln können mit der Haut gegessen werden. Die Kartoffeln neben den Quark setzen und mit den Gewürzen zum Selbstbedienen anrichten.

Variante:

Den Quark mit etwas Butter und Salz verrühren und Zwiebelwürfel, gehackte Kräuter sowie Kümmel separat dazu servieren.

Nichts ist hier besser als eine Riesling-Schorle. Und zwar im passenden Schoppenglas.

Handkäs mit Musik

Pro Portion:

1–2 reife Handkäs
oder 2–4 kleine Bauernhandkäs

Marinade für 4 Portionen:

2 EL Weinessig oder Riesling
4 EL Sonnenblumen- oder Distelöl
1–2 kleine Zwiebeln, feinst gehackt
etwas Salz
Kümmel
schwarzer Pfeffer, frisch gemahlen

Handkäs auf einen Teller legen. Essig oder Wein und Öl mit einem Tassenschneebesen verrühren und über den Käse gießen. Die Zwiebelwürfel mit Salz vermischen, darüber streuen. Mit Kümmel und Pfeffer würzen.

Beilage:

Bauernbrot mit Kruste und frische Butter.

Tipp:

Lassen Sie den Käse ruhig etwas länger in der Marinade. Nach einem halben Tag ist er wunderbar durchgezogen.

Kein zu trockener Wein, wenn Essig im Spiel ist. Probieren Sie einen Weißburgunder.

White cheese with potatoes

1.2 lbs. cream quark
1 onion or 3 shallots
2–3 cloves of garlic (to taste)
good, thick sour cream
salt
white pepper, freshly ground
4 tbsp. each of parsley and chives

per portion:

3–4 potatoes, boiled in half water and half Riesling
served (to taste) with caraway and paprika pepper

Let the quark drain off well. Mix with all other ingredients. Place on the plates with an ice cream scoop. Skin the hot potatoes; new potatoes can be eaten with the skins. Put the potatoes next to the quark and have the spices ready for self-serving.

Variation:

Stir the quark with some salt and butter plus chopped, then serve chopped herbs and caraway with it.

Nothing works better than a Riesling spritzer – in the traditional Schoppen glass.

Marinated hand cheese "with music"

The "musical part" in this recipe is the marinade – that is the real kick.

1–2 ripe hand cheese
or 2–4 small farmers hand cheese per portion

Marinade for 4 portions:

2 tbsp. wine vinegar or a fresh riesling with a high acidity
4 tbsp. sunflower oil or thistle oil
1–2 small onions, chopped extremely fine
a little salt
caraway
black pepper, freshly ground

Place the hand cheese on a plate. Whisk vinegar or wine and oil and pour it over the cheese. Mix onions and salt and put it on top. Season with pepper and caraway.
Serve with freshly baked dark bread and good butter.

Straight tip:

Take some time to marinade the cheese. Half a day will do wonders for the taste.

Avoid wines that are too dry when vinegar plays a dominant role in a dish. A white Burgundy would be fine.

Spargelvariationen
Asparagus variations

Spargelvariationen

Kommt man zur Spargelzeit (Mitte April bis Mitte Juni) in die Pfalz, sieht man vor den „Spargelhöfen" am Wochenende lange Autoschlangen stehen. Die Kunden nehmen auch längere Anfahrtszeiten in Kauf. Man kann Spargel in verschiedenen Größen (Kalibern) kaufen; für ganz Bequeme gibt es bereits geschälten Spargel. Oft kann man auch ein Schnäppchen machen, wenn kurz vor Ladenschluss die Ware Platz machen muss für die Ernte des nächsten Morgens.

Zutaten für 4–6 Portionen

2 kg weißer Spargel, mittlere Stangenstärke
oder
1 kg weißer Spargel und
1 kg grüner Spargel

Garfond:

2 l Wasser
1 EL Salz
4 Stück Würfelzucker
50 g Butter
einige Zitronenscheiben

Zum Anrichten:

zerlassene Butter und/oder Sauce Hollandaise
leicht geschlagene und gewürzte Sahne (Schlagsahne)
geräucherter Schinken, gekochter Schinken
Naturschnitzel oder Steak
Pellkartoffeln

Den Spargel waschen, die Enden kürzen und die Stangen von den Köpfchen zum Stielende hin schälen. Das geht am besten mit einem Spargel- oder Kartoffelschäler. Beim grünen Spargel genügt es, das untere Drittel zu schälen. Den geschälten Spargel in ein feuchtes Tuch einschlagen und die Spargelschalen im Garfond etwa 10 Minuten vorkochen. Die Spargelschalen wieder aus dem Fond nehmen.

Den Spargel mit Küchengarn zu Bündeln zusammenbinden und in den Garfond legen bzw. in den Siebeinsatz des Spargelkochtopfs stellen. Bei mittlerer Hitzezufuhr etwa 15–20 Minuten garen. Der Spargel sollte noch etwas Biss haben. Grüner Spargel ist bereits nach 12–15 Minuten servierfertig.
Den Spargel portionsweise auf Tellern mit den oben genannten Beilagen anrichten.

Tipps:

Wer gerne Spargel isst, sollte sich einen Spargelkochtopf anschaffen. Hier gart der Spargel stehend, so bleiben die zarten Köpfchen schön knackig.
Gelegentlich wird auch sogenannter „wilder" grüner Spargel angeboten. Greifen Sie zu! Dieser Spargel braucht nicht geschält zu werden und ist nach 6–8 Minuten gar. Er hat ein unvergleichlich frisches, leicht nussiges Aroma.
Spargel ist dann richtig gekocht, wenn sich eine Spargelstange über eine Gabel rechts und links ca. 2 cm herunterbiegt.

Ideal ist für Spargel stets ein ausdrucksstarker Silvaner.

Asparagus variations

Visiting the Palatinate in asparagus season (mid April to mid June), one will notice long lines of cars at the entrances of the asparagus farms. The customers readily accept longer shopping trips. You can buy asparagus in different sizes; lazy customers ask for already peeled spears. Often you can get good deals just before the shops close and everything must go to make room for the next mornings harvest.

Ingredients for 4–6 portions

4–5 lbs. white asparagus, mid sized spears
or
2 lbs. white asparagus and
2 lbs. green asparagus

Cooking stock:

4 pints water
1 tbsp. salt
4 sugar cubes
3–4 tbsp. butter
some lemon slices

For serving:

melted butter and/or sauce hollandaise
lightly whipped and seasoned cream
smoked ham, baked ham
cutlet or steak
jacket potatoes

Wash the asparagus, cut the end tip and peel the spears from the heads down to the ends. You'll get the best results with an asparagus or potato peeler. With green asparagus it is sufficient to peel the lower third only. Wrap the spears in a wet cloth and precook the peel in the stock for 10 minutes, before removing.

Tie the asparagus into little bundles and place them in the stock, in the sieve of the asparagus cooking pot. Cook for 15–20 minutes at medium heat. The asparagus should still have a little bite to it. Green asparagus will be ready after 12–15 minutes.

Serve the asparagus in portions on plates with the garnish mentioned above.

Straight tip:

If you enjoy asparagus often during the season, an asparagus cooking pot makes sense for you. The asparagus cooks standing up, so the tender heads remain nicely firm.

Sometimes so called "wild" green asparagus is offered. Buy it! This sort doesn't need peeling and is cooked after 6–8 minutes. The wild one has an incomparable fresh, lightly nutty aroma.

A characterful Silvaner is always ideal with asparagus.

Backesgrumbeere ~ Lewwerknepp
Fried potatoes ~ Liver balls

Lewwerknepp
Leberknödel

4 Brötchen (Semmeln) vom Vortag, Kruste abgerieben
$^1/_4$ l warme Milch (evtl. etwas weniger), gewürzt mit 1 Prise Salz
oder gut gewürzte warme Fleischbrühe
400 g Rinderleber, püriert (vom Metzger durchgelassen)
1 kleine Zwiebel, feinst gehackt
2 Eier
Salz, Pfeffer, Muskat, 1 Prise Majoran
$^1/_2$ TL abgeriebene Zitronenschale
1 Bund Petersilie, fein gehackt
1–2 EL Butter
Semmelbrösel nach Bedarf
$1^1/_2$ l Salzwasser oder klare Brühe

Zum Servieren:

2 EL Butter
2 EL Semmelbrösel

Winzerzwiebeln:

3 mittelgroße Zwiebeln, in halbe Scheiben geschnitten
etwa $^1/_8$ l Riesling

Die Brötchen in dünne Scheiben schneiden, mit der gesalzenen Milch oder der Fleischbrühe übergießen, und solange stehen lassen, bis alle Flüssigkeit aufgesogen ist.
Die pürierte Leber mit der feinst gehackten Zwiebel, den eingeweichten und ausgedrückten Brötchen sowie den Eiern vermengen. Die Masse mit den Gewürzen und der Zitronenschale kräftig würzen. Die gehackte Petersilie in der aufgeschäumten Butter durchschwenken, abkühlen lassen. Mit der Lebermasse vermischen. Die Masse etwa 15 Minuten kühl stellen.
Ein Probeklößchen formen und in der siedenden Brühe ziehen lassen. Fällt es auseinander, noch mehr Semmelbrösel unter die Masse arbeiten. Größere Klöße/Knödel oder flache Nocken formen und je nach Größe in ca. 15–25 Minuten gar ziehen lassen.
Butter erhitzen, Semmelbrösel darin goldgelb rösten. Die halben Zwiebelscheiben in Riesling mit etwas Salz weich schmoren.
Die Lewwerknepp mit den Semmelbröseln und den Rieslingzwiebeln anrichten.

Servieren Sie dazu als Beilage Kartoffelsalat.

Variante:

Die Lewwerknepp mit 400 g Rinderleber und 80 g Milz herstellen (jeweils püriert).

Liver balls

4 day old rolls, crusts removed,
$^1/_2$ pint warm milk, seasoned with 1 pinch of salt
or well seasoned, warm stock
4 oz. beef liver, puréed by the butcher
1 small onion, finely chopped
2 eggs
salt, pepper, nutmeg
1 pinch dried marjoram
$^1/_2$ tsp. grated lemon peel
1 bunch parsley, finely chopped
1–2 tbsp. butter
some fine bread crumbs
3 pints salted water or clear stock.

For serving:

2 tbsp. butter
2 tbsp. fine bread crumbs

Vintner onions:

3 medium onions, sliced and halved
$^1/_2$ pint Riesling

Finely slice the rolls, pour salted milk or stock over them and let them rest until all liquid is soaked up. Mix the puréed liver with the chopped onions, the soaked rolls and the eggs. Season the mixture with the spices and the lemon peel. Heat the butter until foamy, add the parsley and let it cool off a little. Add to the liver mixture. Put in a cool place for 15 minutes. Make a little test dumpling and let it cook in the simmering stock. If it falls apart, work more bread crumbs into the mixture. Form larger round, oval or flat dumplings and cook for 15–25 minutes, depending on size. Heat the butter and sauté bread crumbs to a golden colour. Cook the onion slices in Riesling with a little salt until soft.
Arrange the liver dumplings on a plate with the sautéed crumbs and the vintner onions Serve with potato salad.

Variation:

Substitute some of the liver with puréed milt.

Herzpfeffer ~ Jugged heart

Herzpfeffer

Für den Kochsud:

1 Zwiebel, gehackt
1 Möhre, gewürfelt
$^1/_2$ kleine Sellerieknolle, gewürfelt
1 Tomate, halbiert
1 Bund Grün wie Petersilie, Selleriegrün, Liebstöckel, Lauch/Porree, Frühlingszwiebelgrün, gemischt
$1^1/_2$ l Wasser, gewürzt mit Salz oder gekörnter Brühe
10 Pfefferkörner

600 g Kalbsherz, aufgeschnitten, Röhren und Muskelfasern entfernt
1 EL Butter
1 kleine Zwiebel, fein gehackt
2 EL Mehl
2–3 EL Weinessig, Saft von $^1/_2$ Zitrone
$^1/_8$ l fruchtiger Rotwein
1 TL Zucker
weißer Pfeffer, frisch gemahlen
1 Prise Thymian

Das Gemüse mit Wasser und Gewürz zum Kochen bringen und etwa 20 Minuten durchkochen. Das Herz waschen und in die siedende Brühe einlegen. In etwa 30 Minuten weich garen. Aus der Brühe nehmen und in Streifen schneiden, warm halten.
Den Kochsud durchsieben; aus Butter, Zwiebeln und Mehl eine braune Mehlschwitze herstellen, mit Essig, Zitronensaft und etwas Brühe ablöschen und gut durchrühren. Dann weitere Brühe und den Rotwein zugießen, bis die gewünschte Konsistenz erreicht ist. Mit Zucker, Pfeffer und Thymian abschmecken und die Herzstreifen in die Sauce legen.

Mit Salzkartoffeln oder Semmelknödeln servieren.

Der Herzpfeffer verträgt einen fruchtigen Rotwein wie etwa Dornfelder.

Pfälzer Bratwurst

Die Pfälzer Bratwurst ist im Gegensatz zur Thüringer Bratwurst von der Konsistenz her gröber. Sie gehört zur „Pfälzer Platte", schmeckt aber auch solo mit Kraut und Kartoffelpüree. Das folgende Rezept ist von Metzgermeister Wolfgang Lakos aus Niederkirchen.

$4^1/_2$ kg Schweinefleisch aus der Schulter, Fett teilweise abgeschnitten
oder ein Schinkenstück
pro kg Masse:
1 mittelgroßes Ei

Gewürze pro Kilogramm:

20 g Salz
3–4 g weißer Pfeffer, frisch gemahlen
knapp 2 g Muskat, frisch gerieben
1 g Korianderpulver
vorbereitete Schweinedärme, Kaliber 28/30 (beim Metzger vorbestellen)

Das Schweinefleisch grob würfeln, mit den Gewürzen vermischen und durch die 3 mm-Scheibe des Fleischwolfs treiben, die Eier zugeben und alles gut vermengen. In Schweinedärme füllen und zu Portionen von ca. 100–110 g abdrehen. Das ergibt pro Kilogramm Masse etwa 8–10 Bratwürste.
Die Würste in heißem Fett zuerst auf beiden Seiten braun anbraten, dann die Hitzezufuhr zurücknehmen und die Würste fertig braten. Oder die Pfanne in den auf 200 °C vorgeheizten Backofen stellen und die Würste darin fertig garen.

Tipp:

Natürlich gehört zur Bratwurst ein guter Senf, der ruhig eine gewisse Schärfe besitzen darf.

Jugged heart

For the stock:

1 onion, chopped
1 carrot, diced
$1/2$ small celery root, diced
1 tomato, cut in half
1 bunch fresh green herbs, e. g. parsley, chives, leek, lovage
3 pints water, seasoned with salt or peppered stock
10 peppercorns

21 oz. veal heart, cut open, all tubes and muscle fibre taken out
1 tbsp. butter
1 small onion, finely chopped
2 tbsp. flour
2–3 tbsp. wine vinegar, juice of half a lemon
$1/4$ pint fruity red wine
1 tsp. sugar
white pepper, freshly ground
1 pinch thyme

Cook the vegetables with water and spices for about 20 minutes. Clean the heart under cold water and lay it into the simmering stock. Boil for about 30 minutes until soft. Take out the heart, cut in strips and keep warm.
Pass the stock through a sieve; make a brown roux from butter, onions and flour, add vinegar, lemon juice and some stock and stir well. Add more stock and red wine until desired consistency. Season with sugar, pepper and thyme, then add the heart strips back into the sauce.

Serve with salt potatoes or bread dumplings.

This dish works well with a fruity red wine such as Dornfelder.

Palatine bratwurst

Compared to the bratwurst from Thuringia, the consistency of the Palatine bratwurst is a little coarser. It is part of the "Palatine platter" but also tastes great on its own with sauerkraut and mashed potatoes. The following recipe comes from master butcher Wolfgang Lakos from the small village of Niederkirchen.

10 lbs. pork, either shoulder or leg, fat roughly cut off

per two pounds of mixture:

1 medium sized egg
just under 1 oz. salt
1 pinch white pepper, freshly ground
1 pinch nutmeg
small pinch ground coriander
prepared pork sausage skins, size 28/30 (ask your butcher)

Coarsely dice the meat, mix well with the spices and run it through the semi-fine mincing plate of the meat mincer. Add the eggs and again mix well. Fill the mixture into the skins and make portions of about 3.5 oz. by twisting the skins. One pound of mixture will make 4–5 bratwursts. Sear the sausages in hot fat first until brown, then reduce the heat and fry until done. Or put the pan in the preheated oven at 390°F until done.

The spice of a good home-made bratwurst comes out even better when accompanied by a sharp, fresh mustard.

Pfälzer Bratwurst
Palatine fried sausage

Blutwurst

Ein weiteres Rezept vom Niederkirchener Metzgermeister Wolfgang Lakos. Oft räuchert er die Würste noch leicht an – das schmeckt besonders delikat.

1–1,2 kg Schweineschwarten
2–3 mittelgroße Zwiebeln oder
1 Gemüsezwiebel, grob gehackt
4 kg fetter Bauchspeck, gewürfelt
2 l Schweineblut (beim Metzger vorbestellen)

Gewürze pro Kilogramm Masse:
9 g Salz oder Pökelsalz
4 g weißer Pfeffer, frisch gemahlen
2 g Muskat, frisch gerieben
1 g Korianderpulver
1 Msp. Nelken, gemahlen
Majoran, gerebelt, Menge nach Geschmack

vorbereitete Schweinedärme oder Rinderkranzdärme (beim Metzger vorbestellen)
ungeleimter Faden zum Abbinden der Würste

Zunächst die Schweineschwarten in einem großen Topf in Wasser etwa 75 Minuten kochen – sie sollten weich sein. Gewürfelten Speck in Wasser kurz aufkochen, 10 Minuten ziehen lassen. Anschließend in ein Sieb zum Abtropfen geben.
Die heißen Schwarten zusammen mit den Zwiebeln durch die 2 mm-Scheibe des Fleischwolfs treiben.
Die warmen Speckwürfel in einer großen Schüssel oder Wanne mit den Gewürzen gut vermengen. Die heißen Schwarten zugeben, das Schweineblut zugießen und alles gut vermischen.
Die Masse nicht zu prall in Schweinedärme füllen, die Würste in gewünschter Länge abbinden und die Blutwürste in einem großen Kessel bei 80 °C in etwa 1–1½ Stunden garen. In der Kochbrühe abkühlen lassen und dann zum Trocknen aufhängen.

Backesgrumbeere
Bratkartoffeln

1½ kg Kartoffeln, vorwiegend festkochend
4 Zwiebeln
750 g durchwachsener Schweinebauch, geräuchert oder nur gebraten
50 g Schweineschmalz
Salz und Pfeffer, frisch gemahlen
1 TL getrockneter, gerebelter Majoran oder frische Majoranblättchen
400 ml dicke saure Sahne oder Schmand
etwas Wasser

Kartoffeln und Zwiebeln in nicht zu dünne Scheiben schneiden. Das Bauchfleisch grob würfeln. Das Schweineschmalz auf zwei Pfannen verteilen und Kartoffel- und Zwiebelscheiben getrennt darin hellbraun anbraten. Etwas Fett aus den Pfannen in eine große Auflaufform gießen, Kartoffel- und Zwiebelscheiben vorsichtig würzen, mit den Bauchspeckwürfeln einfüllen. Die Sahne mit etwas Wasser verquirlen und über den Auflauf gießen. Backesgrumbeere im vorgeheizten Backofen bei etwa 140 °C mit einem Deckel oder mit Alufolie bedeckt etwa 2 Stunden backen. Dann den Deckel abnehmen und den Auflauf noch für 30 Minuten weiter backen.

Dazu passt ein frischer Salat mit Bitterstoffen wie Rauke/Rucola und Radicchio sowie Chicorée, angemacht mit einer kräftigen Vinaigrette.

Blood sausage

Again a recipe from master butcher Wolfgang Lakos. For a special, delicate taste he often fills the blood sausage mixture in pork sausage skins and lightly smokes them.

2.3 lbs. pork rind
2–3 medium sized onions, chopped
8 lbs. fat bacon, diced
4 pints pork blood (pre-order at your butchery)

per two pounds of mixture:

1/3 oz. salt or pickling salt
1 pinch white pepper, freshly ground
1 pinch nutmeg, freshly grated
small pinch ground coriander
1 pinch ground cloves
dried marjoram to taste

prepared pork or beef sausgae skins (pre-order)
glueless kitchen twine to bind off the sausages

First cook the pork rinds in a large pot with water for about 75 minutes. They should be soft by then. Boil up the diced bacon in water, then leave to draw for 10 minutes. Put into a sieve for draining off.
Run the hot rinds together with the onions through the fine mincing plate of the meat mincer.
In a large bowl mix the warm bacon cubes well with the spices. Add the hot rinds, pour in the blood and mix again thoroughly.
While filling the mixture into the skins, avoid plumping too much. Work the sausages into desired length, bind them off and cook the sausages in a large pot or steel kettle for 1–1 1/2 hours at 175 °F until done. Let the sausages cool down in the cooking stock and then hang them to dry.

Fried potatoes

3 lbs. potatoes of semi-hard cooking consistency
4 onions
1.6 lbs. lean bacon
2 oz. lard
salt and pepper, freshly ground
1 tsp. dried or fresh marjoram
1.7 cups thick sour cream
a little water

Thickly slice the potatoes and onions. Coarsely dice the bacon. Divide the lard between two baking tins and start roasting potatoes and onions separately until lightly brown. Pour some of the fat into a large soufflé dish, season the onions and potatoes and put them into the dish together with the bacon. Whisk the sour cream with some water and pour over the mix. Bake in the oven at 300 °F for about two hours, covered with a lid or with aluminium foil. Then uncover and let bake for another 30 minutes.

This dish tastes nice with a fresh salad of lightly bitter greens such as rocket, radicchio or chicory, served with a flavourful vinaigrette.

Straight tip:

This recipe calls for either smoked or salted bacon.

Pfälzer Saumagen
Palatine stuffed pig's stomach

Pfälzer Saumagen

Diese Spezialität ist beinahe schon eine Weltanschauung: was gehört hinein, was darf nicht sein. Fest steht, dass Schweinefleisch (von der Schulter oder dem Nacken), Brät oder Hackfleisch, mageres Rindfleisch, Kartoffelwürfel sowie Salz, Pfeffer, Majoran und Muskat obligatorisch sind.
Das erste Saumagenrezept ist datiert um 1700.

1 Saumagen (Schweinemagen, beim Metzger vorbestellen), gereinigt und über Nacht in Salzwasser eingelegt

Füllung:

350 g Rindfleisch, mager, gewürfelt
350 g Schweinefleisch, mager, gewürfelt
2 mittelgroße Zwiebeln, grob zerschnitten
1 altbackenes Brötchen, Kruste abgerieben
2–3 Eier
Salz, Pfeffer, frisch gemahlen
Muskatnuss, frisch gemahlen
frischer oder getrockneter Majoran, gerebelt, Menge nach Geschmack
500 g gekochte, kalte Kartoffelwürfel
200 ml Fleischbrühe

Zum Garen:

Salzwasser oder Fleischbrühe
1 Bund Suppengemüse
Schweineschmalz

Den Saumagen gut abtrocknen. Etwa die Hälfte des gewürfelten Fleisches mit den Zwiebeln und dem Brötchen durch die feine Scheibe des Fleischwolfs treiben. Die Farce mit den restlichen Fleischwürfeln, den Eiern sowie den Gewürzen gut vermengen. Die Kartoffelwürfel und etwas Fleischbrühe mit einarbeiten, die Füllung soll geschmeidig sein. Den Saumagen mit dieser Füllung nicht zu prall füllen, damit sie noch Platz hat, sich etwas auszudehnen. Den Saumagen mit Küchengarn zubinden, in kaltes Salzwasser oder Fleischbrühe geben und das Suppengemüse einlegen. Den Saumagen in etwa $2\frac{1}{2}$–3 Stunden garziehen lassen – nicht kochen. Den Saumagen aus dem Garsud nehmen und abtrocknen. In erhitztem Schweineschmalz vorsichtig rundum anbraten, anschließend in dicke Scheiben schneiden.

Als Beilagen eignen sich Sauerkraut, Bauernbrot und gedämpfte Zwiebeln.

Varianten:

Die Kartoffelwürfel durch vorgekochte Esskastanien (aus dem Glas oder aus der Dose) ersetzen. Es ist auch durchaus üblich, den Saumagen in kaltem Zustand in Scheiben zu schneiden und erst dann anzubraten.

Zum Klassiker: eine fruchtbetonte und dabei knackige Riesling Spätlese.

Gefüllter Saumagen, Pfälzer Art, nach einem alten Familienrezept:

„Ein gut gereinigter Saumagen, welcher über Nacht im Wasser gelegen hat, wird abgetrocknet und mit folgender Farce gefüllt: man lässt 40 Gr. gewürfelten, geräucherten, gut durchwachsenen Speck mit 3 kleingeschnittenen Zwiebeln im Tiegel glasig dünsten, gibt eineinviertel Pfund Schweinemett, Salz, Pfeffer, Majoran, etwas Thymian, Muskat und drei weich gekochte Salzkartoffeln hinzu und läßt alles kurz durchkochen. Nun mischt man zwei eingeweichte und ausgedrückte Semmeln, etwas gehackte Petersilie und drei Eier darunter, füllt den Saumagen mit dieser Farce und näht ihn zu. Nun gibt man in einen Tiegel 40 Gr. geräucherte Speckwürfel, läßt sie glasig anlaufen, gibt den Saumagen hinzu und läßt ihn rundherum schön braun braten, löscht ihn mit etwas Wasser ab und brät ihn etwa 2 Stunden lang weich. Während des Bratens muß er öfters gewendet und mit Flüssigkeit begossen werden. Zum Schluß schmeckt man die Sauce mit einem Schuß herben Pfälzer Wein ab und serviert ihn mit Sauerkraut und einem Glas Pfälzer Wein."

Palatine stuffed pig's stomach

This speciality is almost an ideology: what must go in, what is never ever allowed. Obligatory ingredients are ground pork (shoulder or neck), ground beef, lean beef, diced potato as well as salt, pepper, marjoram and nutmeg. The first Saumagen *recipe dates around the year 1700.*

1 pig stomach (pre-order), cleaned and soaked in saltwater over night

Stuffing:

3/4 lb. lean beef, diced
3/4 lb. lean pork, diced
2 medium sized onions, coarsely chopped
1 stale roll, crust removed
2–3 eggs
salt and pepper, freshly ground
nutmeg, freshly grated
fresh or dried marjoram to taste
1.1 lb. cold diced potato
just under 1/2 pint stock

For cooking:

salted water or stock
1 bunch soup vegetables
lard

Dry off the pig's stomach thoroughly. Run about half of the diced meat with the onions and the stale rolls through the meat mincer on "fine". Mix this stuffing with the rest of the meat, the eggs and the spices. Work in the diced potato and a little of the stock so that the stuffing is smooth, not soaking wet but also not dry. Fill the stomach, avoid pressing in too much – there should be room for the ingredients to expand during cooking. Bind up the saumagen with twine, put it in cold saltwater or stock and add the soup vegetables. Infuse the saumagen for close to 3 hours – don't bring it to the boil, always keep it under 176 °F. Then take out the filled stomach and dry it with a cloth. Carefully brown it in hot lard on every side. Finally, the saumagen is cut into thick slices.

Sauerkraut, dark farmer's bread and steamed onions go well with it.

Variations:

Substitute the potato with precooked chestnuts. It is also very common to first slice the cold saumagen and then roast the slices.

That's a classic: a late harvest Riesling, fruity and yet with that certain bite of acidity.

Here is an old family recipe for stuffed pig's stomach:

"A well cleaned Saumagen, having been soaked over night, is dried off and stuffed with the following filling: glaze 1.75 oz. diced, smoked and lean ham with three chopped onions in a pot, add 1.3 lb. pork meat, salt, pepper, marjoram, a little thyme, nutmeg and the cooked, salted potatoes and let it cook for a short time. Now work two soaked and squeezed rolls, a little parsley and three eggs into this mix, fill the Saumagen with this stuffing and sew it closed. Now glaze another 1.75 oz. smoked diced ham in a large skillet, add the Saumagen and brown it nicely from all sides. Damp it down with some water and roast it for about two hours until tender. Turn it every now and then and always baste it with liquid. At the end season the sauce with a dash of dry Palatine white wine. Serve it with sauerkraut and a glass of Palatine wine."

Pfälzer Platte mit Kraut und Flääschknep
Palatine platter with kraut
and meat balls

Pfälzer Platte mit Kraut

Pro Portion:

1 Scheibe Saumagen, Rezept Seite 46
etwas Fett zum Anbraten
1 Bratwurst, Rezept Seite 38
1 Lewwerknepp, Rezept Seite 34 oder/und
1 Flääschknepp, Rezept siehe rechts
Schweineschmalz zum Anbraten

Sauerkraut für 8 Portionen:

1 kg frisches Sauerkraut
$^{1}/_{2}$ Flasche Pfälzer Riesling – oder mehr
einige Wacholderbeeren
1 Lorbeerblatt

Beilage:

Kartoffelbrei oder in Schweineschmalz kross gebratene Kartoffelscheiben
Winzerzwiebeln, Rezept Seite 34

Sauerkraut immer in größeren Mengen kochen; aufgewärmt und evtl. etwas angebraten schmeckt es auch am nächsten Tag noch. In der Pfalz wird das Kraut meist in Riesling gegart, aber auch ein fruchtiger Morio-Muskat ist möglich, wenn man es nicht so sauer mag. Das Kraut kocht sachte mit den Wacholderbeeren und dem Lorbeerblatt 40–50 Minuten, der Wein sollte fast aufgesogen sein.
Zum Anrichten den Saumagen und die Bratwürste in Schmalz braten. Das Sauerkraut auf Teller portionieren, Saumagen, Bratwurst sowie Lewwerknepp oder Flääschknepp dazu legen, seitlich den Kartoffelbrei oder die Bratkartoffen anlegen und mit den Weinzwiebeln garnieren.

Dazu schmeckt in jedem Fall ein Schoppen guter Pfälzer Riesling – wobei ein Schoppen einen halben Liter fasst.

Flääschknepp Fleischklöße

Für den Vorrat!

1 kg altbackene Brötchen, die Rinde evtl. abgerieben
1 kg Schweinefleisch, grob entfettet
1 kg durchwachsenes Kalbfleisch
3–4 Eier
frische oder getrocknete Petersilie, gehackt, Menge nach Geschmack

Gewürze pro Kilogramm Masse:

1 kleine Zwiebel
9 g Salz
2 g weißer Pfeffer, frisch gemahlen
1 g Muskat, frisch gerieben

Zuerst die Brötchen in Wasser einweichen und anschließend gut ausdrücken. Das Fleisch mit den Brötchen und den Zwiebeln durch die 2 mm-Scheibe des Fleischwolfs treiben. Anschließend mit den Gewürzen, den Eiern und der Petersilie gut vermengen.
In einem großen Topf oder Kessel Wasser mit etwas Salz erhitzen.
Den Fleischteig zu etwa 100 g schweren Portionen formen, entweder oval (wie Nocken) oder rund (wie Knödel). Das ergibt bei 3 kg Masse etwa 30 Klöße. Die Flääschknepp im halb zugedeckten Topf bei 80 °C in etwa 40 Minuten garen.
Die Flääschknepp entweder zur „Pfälzer Platte" oder in Scheiben geschnitten, leicht angebraten mit Winzerzwiebeln und einem guten Bauernbrot servieren oder zu den Flääschknepp eine feine Meerrettichsauce und Kartoffelbrei oder gestempelte Grumbeere (gestampfte Kartoffeln) reichen.
Die Flääschknepp können auf Vorrat zubereitet und etwa drei Monate eingefroren werden.

Die cremige Sauce ruft nach einem kräftigen Begleiter wie Grauburgunder.

Palatine platter with kraut

Per portion:

1 slice saumagen, recipe page 47
some fat for roasting
1 bratwurst, recipe page 39
1 liver ball, recipe page 35 and/or
1 meat ball, recipe opposite

Sauerkraut for 8 portions:

2.2 lbs. sauerkraut
$^1/_2$ bottle (or more) Palatine Riesling
some juniper berries
1 bay leaf

Side dish:

mashed potatoes or potato slices roasted in lard
Vintner's onions, recipe page 35

Sauerkraut should always be prepared in larger quantities; re-heated and maybe a little sautéed it tastes great the next day as well.
In The Palatinate, kraut is usually cooked with Riesling, but you might also use a fruity Morio-Muskat in order to avoid higher acidity. Cook the kraut gently with the juniper and the bay leaf for 40–50 minutes, until almost all wine has been soaked up.
If you like roast potatoes as a side dish, they should be roasted to a nice crunchy crust in lard and salted only when done.
For serving, roast the *Saumagen* and the bratwurst. Place a portion of sauerkraut on plates, add *Saumagen*, bratwurst, liver dumpling and meat dumpling, followed by mashed potatoes or roast potatoes and the vintner's onions as a garnish.

The traditional drink to this hearty dish is a *Schoppen* (slightly more than a pint!) of good Palatine Riesling.

Palatine meat balls

For storage!

2.2 lbs. stale french bread or rolls
2.2 lbs. pork, most fat cut off
2.2 lbs. veal
3–4 eggs
fresh or dried parsley, chopped, just as much as you like

Seasoning for the mass:

3 small onions
1 oz. salt
1 tsp. white pepper, freshly ground
nutmeg to taste

First soak the rolls/bread in water and then squeeze thoroughly. Pass the meat with the bread and the onions through the meat grinder or mincer, using the fine mincing plate. Then season with the spices and mix well with eggs and parsley. In a large pot bring water to boil, adding a little salt. Form the meat dough to oval or round (like dumplings) portions of about 4 oz. This will give you about 30 dumplings. Cook the meat dumplings at a low simmer for 40 minutes.
The meat dumplings are served with the "Palatine platter" or sliced and then lightly roasted with vintner's onions, accompanied by good dark farmers bread.

Master butcher Wolfgang Lakos recommends a fine horseradish sauce and mashed potatoes or steamed, mashed potatoes. The dumplings can be made for storage and kept in the freezer for about three months.

The creamy sauce calls for a powerful companion like Grey Burgundy.

Rumpsteak nach Großmutter Art
Steak Grandma's style

Rumpsteak nach Großmutter Art

Dieses Rezept stammt von Anna Beyerle, einer Gastwirtin, die aus St. Martin stammte und den Pfälzer Wein in Weil der Stadt (Württemberg) Mitte des 19. Jahrhunderts einführte. Sie vertrat die Meinung, dass Fleisch Zeit brauche, um seinen Geschmack zu entfalten.

4 daumendicke Scheiben Rumpsteak, aus der Kluft geschnitten und gut abgehangen
etwas Öl zum Einpinseln
Butter zum Braten
Salz, Pfeffer, frisch gemahlen
4 mittelgroße Zwiebeln, in Scheiben geschnitten
$^1/_4$ l Dornfelder (oder mehr)

Die Fleischscheiben mit Öl bepinseln und einige Stunden abgedeckt in den Kühlschrank stellen. Den Backofen auf 225 °C vorheizen.
In einer backofengeeigneten Pfanne die Butter aufschäumen lassen. Die Rumpsteaks einlegen und von beiden Seiten je $1^1/_2$ Minuten braten. Dann in den vorgeheizten Backofen stellen und 8–20 Minuten garen (je nach Geschmack), salzen und pfeffern. In der Zwischenzeit die Zwiebelscheiben im Rotwein dämpfen; der Wein sollte fast eingekocht sein, leicht salzen.
Die fertigen Rumpsteaks auf vorgewärmten Tellern mit Pellkartoffeln (halb in Wasser, halb in Weißwein gegart) und den Zwiebeln anrichten.

Gipfeltreffen der Genüsse: da muss schon ein Spätburgunder der kräftigen Art ins Glas!

Saure Britsche
Saure Kartoffelscheiben

Kartoffeln in allen Variationen sind eine beliebte Beilage in der Pfalz. Diese saure Variante passt gut zu einer deftigen Pfälzer Wurst.

1 kg geschälte Kartoffeln, fest kochend
1 Zwiebel, fein gewürfelt
40 g Butterschmalz
$1^1/_2$ geh. EL Mehl
$^3/_4$–1 l gut gewürzte Fleischbrühe
2 Lorbeerblätter
2–3 EL Weinessig
Pfeffer aus der Mühle
Salz

Die Kartoffeln in nicht zu dünne Scheiben schneiden und über Dampf halb gar kochen. Das Wasser abgießen und die Kartoffeln warm stellen.
Die Zwiebelwürfel im Schmalz glasig andünsten, dann Mehl für die Mehlschwitze zugeben. Mit Brühe aufgießen, bis die Konsistenz der Sauce sämig ist.
Mit Lorbeerblättern, Essig, Pfeffer und Salz nach Geschmack würzen. Die Kartoffelscheiben zugeben, in der Sauce einmal aufkochen und servieren.

Steak Grandma's style

This recipe goes back to Anna Beyerle, an innkeeper from the village of St. Martin, who introduced Palatine wine to the Wuerttemberg town of Weil der Stadt in the middle of the 19th century. She strongly believed that meat should take time to unfurl its full taste.

4 inch-thick prime cut beef steaks, well hung
some oil for brushing
butter for roasting
salt and pepper, freshly ground
4 medium sized onions
1/2 pint (or more) Dornfelder, a fruity and dark red wine

Brush the steaks with oil and let them rest covered in the refrigerator.
Preheat the oven to 445 °F.
Bring the butter to foam in an oven-proof pan. Lay the steaks into the butter and roast each side 1 1/2 minutes. Then put the pan into the oven, bake for 8–20 minutes, according to your preference. Add salt and pepper. Meanwhile steam the onion slices in red wine, until the wine is almost completely reduced. Salt lightly. Place the steaks on heated plates with potatoes cooked in their jackets (in half water and half white wine) and the onions.

Summit of pleasures: your glass deserves a hearty Burgundy.

"Sour" potato slices

Potatoes in every variation are a popular side dish in The Palatinate. This variation made "sour" with the addition of wine vinegar is the perfect accompaniment to Palatine sausages.

2 lbs. waxy potatoes, peeled
1 onion, finely chopped
1 ozs. lard
1 1/2 heaping tbsp. flour
approx. 1 3/4 pints well-seasoned meat stock
2 bay leaves
2–3 tbsp. wine vinegar
freshly ground pepper
salt

Cut the potatoes into slices, not too thin, and steam them until they are half cooked. Pour away the water and keep the potatoes warm. Braise diced onion in lard, add flour to prepare a brown roux. Add the meat stock gradually while stirring until the sauce becomes creamy. Season with bay leaves, vinegar, and pepper and salt to taste. Add the potato slices, bring to the boil and serve.

Kerscheplotzer ~ Weinschaumsauce
Zabaglione sauce ~ Cherry casserole

Weinschaumsauce

4–5 frische Eigelb, je nach Größe
50–100 g feiner Zucker, je nach Säuregrad des Weines
abgeriebene Schale von $1/2$ Naturzitrone
300 ml Weißwein, z. B. Riesling, auch Morio-Muskat ist möglich, oder Gewürztraminer

Zum Anrichten:
frische Früchte nach Jahreszeit, z. B. Himbeeren oder Weinbergpfirsiche
leicht angeröstete Mandelblättchen

Ein wenig Wasser in einem breiten Topf zum Kochen bringen. Eine Edelstahlschüssel darauf setzen oder einen Wasserbadtopf verwenden. Die Eigelbe mit dem Zucker mit einem Schneebesen schaumig rühren – der Zucker sollte vollständig aufgelöst sein. Den Zitronenabrieb zugeben. Nach und nach den Wein zugießen, dabei immer kräftig mit dem Schneebesen schlagen.

Den Schaum in Schalen oder Gläser füllen und mit frischen Früchten nach Jahreszeit und Mandelblättchen garnieren.

Variante:
Frische Feigen – in der Pfalz gibt es sehr viele Feigenbäume – am Stielansatz über Kreuz einschneiden, die Haut etwas auseinander ziehen und mit der Weinschaumsauce bedecken.

Auch Kiwischeiben passen zur Weinschaumsauce.

Kerscheplotzer Kirschauflauf

Dieses Rezept ist „grenzüberschreitend", es wird in ähnlicher Form in Baden, im Elsass und sogar in der Normandie zubereitet (allerdings behalten hier die Kirschen ihren Stein). Diese Speise heißt dort „Clafoutis". Egal – es schmeckt überall!

8 altbackene Milchbrötchen
$1/4$ l Milch
80 g Butter
75–100 g Zucker, nach Geschmack
3–4 Eier, getrennt
1 Prise Salz
1 Naturzitrone, abgeriebene Schale
$3/4$–1 kg Süßkirschen, entsteint

Zum Belegen:
40 g Butter
Zimtpulver

Die Brötchen in dünne Scheiben schneiden, mit der etwas angewärmten Milch übergießen und etwa 10 Minuten stehen lassen. Butter mit Zucker, Eigelb und Zitronenschale aufschlagen und diese Masse unter die Brötchen heben. Die Eiweiß mit einer Prise Salz steif schlagen. Zusammen mit den Kirschen unter die Brötchenmasse mischen. Eine große Auflaufform gut ausfetten, die Brötchen-Kirsch-Masse einfüllen und mit Butterstückchen belegen, mit Zimtpulver bestäuben. Den Auflauf im vorgeheizten Backofen bei 200 °C etwa 45 Minuten backen. Evtl. die Stäbchenprobe machen.

Den Auflauf aus der Form servieren; dazu einen kräftigen Burgunder oder Portugieser servieren oder einen spritzigen Sekt.

Tipp:
Damit der Auflauf nicht zu flüssig wird, die entsteinten Kirschen vor der Weiterverarbeitung abtropfen lassen.

Zabaglione sauce

4–5 eggs, depending on egg size
1–1.5 oz. of fine sugar, depending on acidity of the wine
grated skin of 1/2 lemon
about 1/2 pint white wine (Riesling or Morio-Muskat)

For serving:

fresh seasonal fruits, e.g. raspberries or vineyard peaches
lightly roasted almond blades

In a saucepan, bring a little water to the boil. Place a well-fitting stainless steel skillet with a round bottom on top of it. Stir the egg yolks to a foamy mass with the sugar, using an egg beater. Add the grated lemon, then the wine, a bit at a time constantly beating air into the mixture until foamy. Fill the foam into glasses or bowls and garnish with seasonal fruit.

Variation:

The Palatinate is home of numerous privately owned fig trees. Cut fresh figs (ripe in late summer) across on top, pull the skin back a bit and pour the zabaglione sauce over it.

Kiwi fruit slices go as well with the zabaglione sauce.

Cherry casserole

This recipe "crosses borders", since there are similar variations to be found in Baden, the Alsace and even the Normandy (where the cherries even keep their stones). There this dish is called "clafoutis". Anyway – it tastes great in any region!

8 stale milk rolls
1/4 pint milk
1.75 oz. butter
2.5 oz. sugar
separated eggs
a pinch salt
grated peel of 1 lemon
2.2 lbs. sweet cherries, pitted

Coating:

1.5 oz. butter
cinnamon powder

Cut the rolls in thin slices, pour the warmed milk over them and let rest for 10 minutes. Beat up butter with sugar, egg yolks and grated lemon peel and work it into the roll slices. Whisk the egg white with a pinch of salt until stiff. Mix it into the roll mixture together with the cherries. Grease a large baking casserole, fill in the bun-cherry-mixture, place butter flakes on top and sprinkle cinnamon powder over it. Bake in the pre-heated oven at 390 °F for about 45 minutes.

Serve the soufflé right out of the casserole, accompanied by a hearty Burgundy or a Portugieser red wine.

Straight tip:

To avoid the soufflé becoming too moist and runny, let the cherries drain off really well after pitting.

Quetschekuche
Zwetschgenkuchen

Für 1 Backblech 37 × 40 cm

Hefeig:

$^1/_8$–$^1/_4$ l Milch
30 g frische Hefe
500 g Mehl
50 g Butter
60 g Zucker
1 Päckchen Vanillezucker
1–2 Eier, je nach Größe
1 Prise Salz

Belag:

1$^1/_2$ kg Zwetschgen
1–2 EL Zwiebackbrösel

Zum Aufstreuen:

100 g Zucker
1 TL gemahlener Zimt

Die Milch in einer Backschüssel etwas erwärmen und die frische Hefe darin auflösen. Alle restlichen Zutaten zugeben und entweder von Hand oder mit dem Knethaken der Küchenmaschine zu einem glatten Teig kneten. Die Schüssel mit einem Tuch abdecken und den Teig 40–50 Minuten bei Zimmertemperatur gehen lassen. Das Backblech mit Butter einfetten oder ein Backtrennpapier auf das Blech legen. Anschließend auf Blechgröße ausrollen. Den Backofen auf 180 °C vorheizen.
Die Zwetschgen waschen, entsteinen und etwas einschneiden. Evtl. trocken tupfen. Sollten die Früchte sehr saftig sein, den Teigboden mit Zwiebackbröseln bestreuen. Die Zwetschgen dicht an dicht auf den Teig legen und den Kuchen im vorgeheizten Backofen etwa 40–50 Minuten backen.
Den noch warmen Kuchen mit der Zimt-Zucker-Mischung bestreuen.

In manchen Gegenden der Pfalz ist es üblich, zum Zwetschgenkuchen eine Grumbeeresupp (Kartoffelsuppe, Seite 10) zu essen.

Plum cake

Yeast dough:

$^{1}/_{8}$–$^{1}/_{2}$ pint milk
1.1 lb. flour
1.75 oz. butter
2 oz. sugar
1 pack vanilla sugar
1–2 eggs, depending on their size
1 pinch salt

Coating:

3.3 lbs. plums
zwieback (rusk) crumbs

Sprinkle:

just over 3 oz. sugar
1 tsp. ground cinnamon

Warm the milk in a baking bowl and dissolve the fresh yeast in it. Then add all other ingredients and knead to a smooth dough, either by hand or with the kneading tool of a kitchen aid. Cover the bowl with a cloth and let the dough rest and expand for 40–50 minutes at room temperature. Then roll out to the size of the baking tin. Preheat the oven to 360 °F.
Wash, pit and roughly cut the plums. If necessary, dry them off with a cloth. Should the plums be overly juicy, sprinkle the base of the dough with rusk (or biscuit) crumbs. Place the plums very close to each other on the dough and bake for about 40–50 minutes.
Sprinkle a mix of sugar and cinnamon on top of the still warm cake.

Straight tip:

It is quite common in the Palatinate to eat this plum cake with a side dish of potato soup (recipe page 11)

Zimtparfait mit gedünsteten Feigen
Cinnamon parfait with stewed figs

Zimtparfait mit gedünsteten Feigen

In vielen Pfälzer Gemeinden sieht man in den Obstgärten oder an geschützten Hausecken Feigenbäume. Das milde Klima lässt die Früchte im Herbst besonders in der Südpfalz reifen. Tatsächlich gibt es eine Art „ungeschriebenes Gesetz" in der Pfalz: wer ein Haus mit Hof oder Garten besitzt, sollte auch einen Feigenbaum pflanzen …

Für 4–6 Portionen

Eiswürfel

Zimtparfait:

1/8 l Milch
1 Zimtstange
1 Vanillestange, aufgeschlitzt
3 frische Eigelb
3–4 EL feiner Zucker, nach Geschmack
1 TL Zimtpulver
2 EL weißer Rum
1 Becher süße Sahne/Rahm (200 g)
1 Prise Vanillezucker

Für die Feigen:

6–8 frische Feigen, je nach Größe
60 ml blauer Traubensaft
40 ml Johannisbeerlikör
1 Spritzer Zitronensaft

Die Milch mit der Zimt- und Vanillestange langsam erhitzen. In einer Schüssel die Eigelb mit Zucker, Zimtpulver und Rum schaumig schlagen. Zimt- und Vanillestange aus der Milch entfernen und die heiße, nicht kochende Milch unter Rühren mit der Eigelbmasse vermischen. Über einem Wasserbad zu einer dicklichen Creme aufschlagen, nicht kochen lassen. Die Schüssel in ein Gefäß mit Eiswürfeln stellen und die Creme kalt schlagen. Danach 8–10 Minuten ins Tiefkühlfach stellen.
Die Schlagsahne mit etwas Vanillezucker sehr steif schlagen. Unter die vorgekühlte Zimtmasse mischen. In einen Metallbehälter füllen und im Tiefkühlfach etwa 2–3 Stunden gefrieren.
Die Feigen waschen, falls nötig auch die Haut abziehen. Die Früchte in schmale Spalten schneiden. Traubensaft, Likör und Zitronensaft einmal aufkochen lassen; die Feigen zugeben. Im Sud solange sanft köcheln lassen, bis der Fond fast eingekocht ist. Die Feigen abkühlen lassen.
Zimtparfait in Scheiben schneiden, mit den Feigen auf Tellern anrichten und evtl. Löffelbiskuits dazu reichen.

Steigern Sie diesen Genuss mit einem Glas süßen Muskatellers.

Cinnamon parfait with stewed figs

In many Palatinate villages you can see fig trees in gardens or in sheltered corners right next to the houses. The mild climate allows full ripening of those fruit in late summer and autumn especially in the Southern Palatinate. As a matter of fact: it is an "unwritten law" here to have a fig tree if you own a house with a garden or a courtyard.

Makes 4–6 servings

Ice cubes

Cinammon parfait:

1 stick cinnamon
1 stick vanilla, cut open lengthways
$^1/_2$ pint milk
3 fresh egg yolks
3–4 tbsp. fine sugar to taste
1 tsp. ground cinnamon
2 tbsp. white rum
8 oz. cream
1 pinch vanilla sugar

For the figs:

6–8 figs, depending on their size
2 oz. dark grape juice
1.5 oz. blackcurrant liqueur
1 dash lemon juice

Slowly heat the milk with cinnamon and vanilla. In a bowl, beat the egg yolks to a foam with sugar, ground cinnamon and rum. Remove the vanilla and cinnamon from the milk and pour the hot, not boiling, milk into the egg yolk mixture, constantly stirring. Beat up to a thick custard over a saucepan of hot water, without bringing to the boil. Place the bowl in a skillet with ice cubes and water and beat the custard until cold. Then let it rest in the freezer for 8–10 minutes.
Beat the cream and a little vanilla sugar until very stiff. Work it into the pre-cooled cinnamon mixture. Transfer into a metal bowl and freeze for about 2–3 hours.
Rub the skins of the figs; peeling or skinning is usually not necessary. Cut the figs in narrow wedges. Bring grape juice, liqueur and lemon juice quickly to the boil, then add the figs. Let it simmer gently until almost all the liquid is reduced. Let the figs cool down.
Cut the cinnamon parfait in slices, arrange on the plates with the figs and serve biscuits with it.

Improve the taste of this dessert with a glass of sweetish Muscatel wine.

Über den Weinbergen:
Das Hambacher Schloss,
die „Wiege
der deutschen Demokratie“.

Above the vineyards:
Hambach Castle,
historical monument and
"cradle of German democracy".

Weinland Pfalz

Es gibt überall gewisse Erkennungsmerkmale für Weine aus bestimmten Weinanbaugebieten. Frankenwein hat oft einen erdigen Touch, Mosel steht für knackige trockene oder aber hervorragende edelsüße Tropfen, im Rheingau pflegt man die Noblesse des Rieslings – und die Württemberger exportieren äußerst ungern, trinken ihren Trollinger am liebsten selbst. Pfalzwein hingegen ist ein Synonym für Freundlichkeit, Zugänglichkeit, Offenheit. Pfälzer Weine machen es einem einfach, sie zu lieben. Selbst in den (wenigen) schwächeren Jahren haben sie eine Süffigkeit, eine einladende Frucht, die gefangen nimmt.

Auf den 85 Kilometern entlang der Deutschen Weinstraße von Schweigen im Süden bis Bockenheim im Norden gibt es mehr als 4000 Weinbaubetriebe. Davon machen annähernd 2000 Flaschenweine, der Rest liefert bei Genossenschaften ab oder vermarktet Fasswein. Die Region lebt mit und vom Wein – denkt man sich Rebensaft und Tourismus weg, bleibt kaum etwas übrig in einer industriell eher schwachen Gegend.

Lange gab es Gezänk zwischen Mittelhaardt und Südpfalz, zwischen seit Urgedenken etablierter Weinzone und dem vermeintlichen Massenanbaugebiet. Die Abkürzung der Südlichen Weinstraße, „SÜW", spottete man im Norden, stünde für „süßliche Weinstraße" und „Saufen übers Wochenende". Inzwischen haben sich die Verhältnisse etwas verschoben. Noch immer beherbergt der Bereich zwischen Neustadt und Bad Dürkheim die bekannten, arrivierten Betriebe, doch der Süden hat in den vergangenen zehn Jahren mächtig aufgeholt.

Die Mittelhaardt besitzt die berühmten Filetstücke unter den Lagen. Schon 1828 wurden in der königlich-bayerischen Grundsteuergesetzgebung Lagen als besonders wertvoll klassifiziert, die heute noch hervorragend eingestuft sind. Deidesheim und Forst genießen Weltruf. Aber auch im Süden, der ein Flickenteppich aus unterschiedlichen Bodenformationen ist, befinden sich grandiose, teilweise unterschätzte Weinbergslagen. Der Burrweiler Schäwer etwa, die einzige Schieferlage der Pfalz, oder der Birkweiler Kastanienbusch, der mit seinem extrem kargen mineralischen Grund für phänomenale Weine sorgt, stehen da keineswegs zurück.

Riesling und Spätburgunder sind traditionell die führenden Rebsorten der Region, wobei der Riesling-Anteil an der Mittelhaardt bei den meisten Betrieben einen enorm hohen Prozentsatz ausmachen. Entlang der Weinstraße gibt es insbesondere beim Riesling eine herrliche Nuancenvielfalt, vom Buntsandstein des Nordens bis zu den kalkdurchsetzten Böden der Südpfalz. Stark im Kommen bei den Rotweinen ist in den letzten Jahren der farbintensive Dornfelder, der fruchtbetonte, bekömmliche Weine ergibt. Im Süden spielen oft Burgundersorten die ersten Geigen, so etwa Weißburgunder, Grauburgunder und immer häufiger auch Chardonnay. Natürlich dürfen bei solchen Aufzählungen auch Spezialitätenrebsorten wie Gewürztraminer, Portugieser, Ortega, Morio-Muskat oder Rieslaner nicht fehlen – sie sind nicht aus der Pfalz wegzudenken. Gleiches gilt für den Sekt: eines der größten Sekthäuser Deutschlands und hunderte kleine Sekthersteller in den Weingütern sorgen für leckere Bläschen im Glas. Das Tor zur Welt wird aufgestoßen mit dem Einlass ausländischer Rebsorten. Cabernet Sauvignon, Merlot und Sauvignon Blanc sind hier längst heimisch geworden. Den Spagat zu schaffen zwischen der Schärfung eines regionalen Profils und dem Wettbewerb im internationalen Maßstab, wird die große Herausforderung der kommenden Jahre werden.

Was an der Pfalz in Sachen Wein am meisten auffällt, ist die Dynamik. Unglaublich viele Betriebe durchlaufen einen Generationswechsel, der verbunden ist mit einem Quantensprung an Qualität. Junge Winzer mit hervorragender Ausbildung nehmen das Ruder im Familienweingut in die Hand und treiben die Ansprüche voran. Mit ein Grund dafür ist die Einsicht, dass es nicht gegeneinander, sondern nur miteinander funktioniert. Vorreiter waren 1990 die „Fünf Freunde", ein Zusammenschluss von fünf heute sehr etablierten Winzern. Aktuell gibt es die „Südpfalz ConneXion", die

Palatine wine country

Each wine region has its own definite style, some sort of typical feature that makes us able to recognize where a wine comes from. Frankonia often has an earthy touch, Mosel stands for fresh bone-dry but also magnificent high-class sweet wines, Rheingau cultivates the noble Riesling and Wuerttemberg is reluctant to export their wines even within Germany – they'd rather drink it all for themselves. But Palatine wine can be taken as a synonym for friendliness, accessibility, openness. It is very easy to love Palatine wines. Even in their (very few) leaner years they have a mouthwatering taste with such inviting fruitiness that makes it hard, if not impossible, to resist.

There are more than 4000 wineries along the 85 kilometers of the German Wine Route from Schweigen in the south to Bockenheim in the north. About 2000 of them market their wines in the bottle, the rest is in cooperatives or sells by the tank. The whole region lives with and from wine – take this and tourism away, you'll have hardly anything left in this wonderful, but industrially weak corner of Germany.

There have long been squabbles between the *Mittelhaardt* (the central part of the wine route) and the Southern Palatinate: the firmly established quality zone versus supposed mass production. "SÜW", the abbreviation for the Southern Wine Route, according to the mocking north stood for "Sweet Wine Route" and "Saufen übers Wochenende" ("drinking through the weekend"). Today, things have shifted considerably. The area between *Neustadt* and *Bad Duerkheim* is still home to the better-known manufacturers, but the South has made up for lost time in the past ten years.

The *Mittelhaardt* is the cream of the crop. As far back as 1828 the Royal Bavarian Tax Authority conducted a classification of vineland – these basic judgements of land quality are effective to this very day. The wine villages Deidesheim and Forst enjoy a reputation under winelovers throughout the world. But the South, characterised by a patchwork of different soil formations, also offers fantastic and sometimes underestimated vineyards. The *Burrweiler Schäwer* for example, Palatinate's only slate vineyard, or the *Birkweiler Kastanienbusch* with its extremely poor, mineral soil for phenomenal, long-living wines, are not left behind in any way.

Riesling and Spätburgunder are traditionally the leading grape varieties of the region, with the Riesling's percentage in the wineries being very high around the *Mittelhaardt*. There is a wonderful range of riesling tastes along the Wine Route, from the sandstone soils of the North to the limestone in the South. Gaining strength lately among the red wines has definitely been the Dornfelder, yielding wines intense in colour and fruit, yet easy to drink. Playing vital roles on the Southern wine route are varieties such as White and Grey Burgundy and increasingly Chardonnay. Not to forget the specialty varieties like Gewürztraminer, Portugieser, Ortega, Morio-Muskat or Rieslaner – they cannot be left out when talking about Palatinate wine. The same goes for the sparkling wines. One of Germany's largest producers of sparkling wines plus hundreds of privately owned manufacturers bring the tasty bubbles into our glasses. The window to the world is being opened by inviting international grape varieties into the region. Now Cabernet Sauvignon, Merlot or Sauvignon Blanc feel at home here. It will be the great challenge over the next years to more precisely define and sharpen a regional profile – and to take up the international competition.

What is most obvious in the Palatinate is the dynamics in wine. An incredible amount of wineries have undergone a generation handover within the past ten years, triggering a quantum leap in quality. Young winemakers with splendid education have taken the helm of the family wineries and are pushing their own demands to new heights. One reason for that development was the realisation that success comes from working with, and not against, each other. The famous "Five Friends", a loose promotional co-operative of five now very renowned wineries, set the pace, starting in 1990. Now you've got the "Southern Palatinate ConneXion", the "Young

„Junge Pfalz", „Pfalz hoch Drei" und einige mehr, die gemeinsam am Rad der Qualität drehen. Dies bildet, in stärkerem Maße als das in anderen Anbaugebieten der Fall ist, einen tief greifenden Ansporn für viele noch meist unbekannte Betriebe, ebenfalls Teil dieser Erfolgsgeschichte werden zu wollen. Man verkostet international und orientiert sich an diesen Vorgaben. Kaum eine andere Weinregion Deutschlands kann auf solch eine intensive Veränderung verweisen.

Die Pfälzer lieben übrigens ihr Schoppenglas – es fasst einen halben Liter! Weinfeste ohne Schoppen sind absolut undenkbar. Wobei es noch immer üblich ist, als kleine Gruppe über ein Fest zu schlendern und sich mal hier, mal dort einen Schoppen zu teilen. Das ist dann wahre Weinfreundschaft ... Der aktuelle Weinfestkalender ist online zu finden auf der Website www.pfalzwein.de – für Ihre Ausflugsplanung bietet er sicher eine hilfreiche Grundlage.

Palatinate", "Palatinate times Three" and a few more who, in small groups, push quality forward. Even more so than in other wine producing regions, this is the driving force for many other, less well known wineries, who can participate in this success story by working on their own quality. They compare internationally and follow those standards. No other region in Germany has undergone such an intensive change.

By the way: the Palatine folks love their Schoppen glass – holding more than one pint of wine. A wine festival without that glass is definitely unthinkable. It has been, and still is, common to stroll around a wine festival in a group, sharing a Schoppen here and there. That is true wine friendship … An up to date calendar with wine festivals is online at www.pfalzwein.de serving as a helpful basis for your trip to The Palatinate.

ISBN-10: 3-7750-0471-8
ISBN-13: 978-3-7750-0471-8

1 2 3 4 | 2009 2008 2007 2006

www.haedecke-verlag.de

Abbildung Vor- und Nachsatz aus EMAIL von Brigitte ten Kate von Eicken (erschienen im Walter Hädecke Verlag).

Rezepte: Monika Graff
Texte, Bearbeitung und Übersetzung ins Englische: Matthias Mangold
Engl. Lektorat: Carol de Rose, Margate (GB)
Fotos: Chris Meier BFF, Stuttgart
Umschlaggestaltung: nett & artig, Julia Graff, Düsseldorf
Typographie und Satz: ES Typo-Graphic, Ellen Steglich, Stuttgart
Reproduktion: LUP AG, Hürth

Picture endlives from EMAIL by Brigitte ten Kate von Eicken (published by Walter Hädecke Verlag)

Recipes: Monika Graff
Texts, adaptation and English translation: Matthias Mangold
English editor: Carol de Rose, Margate (GB)
Photographs: Chris Meier BFF, Stuttgart
Cover design: nett & artig, Julia Graff, Düsseldorf
Typographie and typesetting: ES Typo-Graphic, Ellen Steglich, Stuttgart
Reproductions: LUP AG, Hürth

Printed in EU 2006

Abkürzungen

kg – Kilogramm
g – Gramm
l – Liter
ml – Milliliter
Msp. – Messerspitze
EL – Esslöffel
TL – Teelöffel
Die Rezepte sind – soweit nicht anders angegeben – für 4 Personen.

Abbreviations

lb(s). – pound(s)
oz(s). – ounce(s)
qt. – quart
tbsp. – tablespoon
tsp. – teaspoon
Every recipe serves 4 people unless stated otherwise.

Salz